Alessandro Persico

Verbum Spirans Amorem

Alessandro Persico

Verbum Spirans Amorem

Riflessione sull'Amore trinitario e familiare

Edizioni Sant'Antonio

Imprint
Any brand names and product names mentioned in this book are subject to trademark, brand or patent protection and are trademarks or registered trademarks of their respective holders. The use of brand names, product names, common names, trade names, product descriptions etc. even without a particular marking in this work is in no way to be construed to mean that such names may be regarded as unrestricted in respect of trademark and brand protection legislation and could thus be used by anyone.

Cover image: www.ingimage.com

Publisher:
Edizioni Accademiche Italiane
is a trademark of
Dodo Books Indian Ocean Ltd., member of the OmniScriptum S.R.L Publishing group
str. A.Russo 15, of. 61, Chisinau-2068, Republic of Moldova Europe
Printed at: see last page
ISBN: 978-613-8-39409-9

VERBUM SPIRANS AMOREM

SOMMARIO

INTRODUZIONE

L'Amore misericordioso è una caratteristica divina ed è intimamente legata alla Virtù della Carità anche in campo semantico, biblico ed ecclesiologico con uno sguardo volto al mistero dell'Amore intratrinitario in quanto tale che porta in sé anche un risvolto umano in virtù di quell'originale "immagine e somiglianza". Questo il motivo per il quale in questa riflessione si prenderà spunto dal secondo stico dell'inno dei Vespri della Santissima Trinità che recita:

Padre d'immensa gloria, Verbo d'eterna luce, Spirito di sapienza E carità perfetta.

Questo respiro trinitario traccerà la via da percorrere in questo breve studio collocando ne: la Famiglia il suo "naturale" fine.

L'evangelista Matteo nel brano delle beatitudini asserisce: "Beati i misericordiosi, perché troveranno misericordia" (*Mt* 5,7). La beatitudine promette nell'immediato null'altro che quello che già si vive: la misericordia, a differenza delle altre beatitudini che promettono sempre qualcosa in più. Ma cosa Dio potrebbe dare in più ai misericordiosi? I misericordiosi sono già beati ora perché vivono nella tenerezza amorevole di Dio, vivono già la vita di Dio perché essa è pienezza di vita per l'uomo ed è caratteristica prima di Dio stesso.

Kyrie eleison, una breve frase che racchiude in sé l'essenza dell'amore misericordioso in quanto il vocabolario greco ci offre *éléos* la cui traduzione ebraica è *hésèd,* tra le parole bibliche più usate e più belle, che si traduce con amore. Un amore incrollabile che è capace di grandi slanci di comunione, qualsiasi cosa possa accadere: "non si allontanerebbe da te il mio affetto" (*Is* 54,10); in quanto l'alleanza tra Dio ed il Suo Popolo è sin dai primordi una storia di infedeltà e di un nuovo inizio (*Cfr Es* 32-34), evidentemente un tale amore è incondizionato e presuppone il perdono, quindi non può che essere misericordia!

Il termine *éléos* traduce non solo il termine *hésèd* ma anche *rahamim*, un maschile plurale, carico di un afflato emozionale che letteralmente significa: viscere, sarebbe dunque il plurale di seno materno; un affetto di una madre per il proprio figlio (*Cfr Is* 49,15) o la tenerezza di un padre per i suoi figli (*Cfr Sal* 103,13) o ancora un amore fraterno (*Cfr Gn* 43,30).

La misericordia, per la Teologia Spirituale della Sacra Scrittura è l'essenza stessa di Dio. Per tre volte Dio pronuncia il suo nome a Mosé e la prima volta dice: "Io Sono Colui che Sono" (*Es* 3,14). La seconda volta: "farò grazia a chi vorrò far grazia, e avrò misericordia di chi vorrò aver misericordia" (*Es* 33,19), la terza volta dice: "Il Signore, Dio misericordioso e pietoso, lento all'ira e ricco di grazia e di fedeltà" (*Es* 34,6), questo ci dice che grazia e misericordia si sostituiscono all'essere stesso di Dio, che è grazia e misericordia.

Misericordia e Tenerezza, ci fanno partecipare alla vita stessa di Dio; la misericordia è dunque ciò che di più divino possa esserci in Dio e ciò che rende più compiuto, più uomo l'uomo, siamo d'altronde creati ad immagine di Dio stesso, di "gloria e di onore ci ha coronato" (*Sal* 8).

Il Verbo incarnato ha dato un volto alla misericordia, facendo di essa l'immagine della santità perfetta, diceva infatti Basilio il grande che usando misericordia verso il prossimo si assomiglia maggiormente a Dio, essa è quindi l'umanità di Dio, l'avvenire divino dell'uomo perché Dio chiede aiuto all'uomo per realizzare la Sua opera.

Capitolo primo

PADRE D'IMMENSA GLORIA

«La virtù ci conduce alla vita beata. Ed io affermo che non esiste virtù che non sia l'amore per Dio. Infatti, quella che chiamiamo quadruplice virtù viene detta così, per quanto ne so, unicamente a motivo di qualche aspetto dell'amore in essa racchiuso. Pertanto, non dubito di definire quelle quattro virtù [...] nel modo seguente: la temperanza *è l'amore che si offre integro a ciò che viene amato; la* fortezza *è l'amore che sopporta facilmente tutto per ciò che ama; la* giustizia *è l'amore che serve solo all'amato e che per questo domina in maniera retta; la* prudenza *è l'amore che distingue sagacemente quelle cose da cui è aiutato da quelle da cui è impedito».*[1]

L'uomo contemporaneo è combattuto tra una solidarietà impellente ed un egoismo sempre più incalzante, tra una paura che lo rinchiude nella prigione della solitudine e dell'odio ed il bisogno di uno spazio rappacificante di amore. La *Carità* si innesta dunque in un dinamismo misterioso fatto di amore, là dove l'uomo sa che, nato e

[1] AGOSTINO, *De moribus ecclesiae catholicae et moribus Manicheorum,* I, 15; PL 32, 1322.

strutturato dall'amore, è chiamato a permeare il suo agire d'amore. Il credente, inoltre, sa di partecipare all'Amore di Dio e sa di poter comunicare ad altri il dono divino ricevuto. e se amare è voler amare, allora ogni persona umana, realizza pienamente sé stessa nella misura in cui la sua volontà orienta le sue scelte e la sua esistenza verso l'amore.

L'indifferentismo religioso, tanto diffuso nel mondo occidentale, può produrre non soltanto la trascuratezza e la freddezza nella fede, ma anche un atteggiamento minimalista e legalista di fronte all'imperativo dell'amore verso Dio. Basti pensare alle proposizioni condannate da Alessandro VII e da Innocenzo XI in quanto inficiate di lassismo (*Cfr Denzinger* 2105-2107 [1155-1157]). Un segno di tale indifferenza all'amore di Dio e per Dio, fomentato maggiormente dal secolarismo, spinge la persona a non esternare le proprie convinzioni di fede e di misericordia cristiana, causando oltremodo una dicotomia tra la vita spirituale, la vita pubblica e l'idea politica.

Le varie forme di intolleranza e di persecuzione nei confronti del credo cattolico, se per i più forti sono occasione per corroborare la loro coerenza di vita fino al martirio, per i deboli sono causa di affievolimento o di perdita totale del rapporto di fede-amore nei confronti di Dio.

Le statistiche sulla situazione italiana non dovrebbero far fare sogni tranquilli ai pastori, perché, accanto a segni chiari di risveglio della fede, cresce l'indifferenza religiosa soprattutto nella fascia giovanile.[2] Questo già negli anni '90; la situazione purtroppo non è migliorata col passare degli anni, anzi, pare sia ormai in caduta libera.

1.1 Dio-Amore nell'orizzonte Veterotestamentario.

Nell'Antico Testamento, l'iniziativa dell'amore è sempre di Dio; è Dio che crea, libera, provvede e introduce nella Gerusalemme terrena e celeste. Il termine *amare,* in ebraico *ahab*, è riferito anzitutto a Dio e solo per partecipazione al popolo eletto o alle singole persone. L'amore di Dio verso l'uomo è sempre misericordioso, sovrabbondante, gratuito ed immeritato all'uomo.

Adonai, in molti passi dell'Antico Testamento è *Dio che ama gli uomini*; appare negli scritti come l'amico ed il confidente che dialoga con gli uomini, teneramente (*Gn* 18,17; *Is* 41,8; *Es* 33,11; *Am* 7,15; *Os* 2,21-22; *Ger* 31, 2-22; *Sal* 37,25-29). *Adonai* ama e stipula un patto d'alleanza che, nella fedeltà amorosa da parte di Dio, attraversa e si rinnova lungo tutta l'*Historia Salutis*. Dio ama come un Padre ama i suoi figli (*Cfr Os* 11,1-4; *Ger* 31,20-22), più dell'amore di una madre (*Is* 49,15; 66,13) e con la totalità e la sacralità dell'amore sponsale (*Ger* 2,2-3).

---

[2] *Cfr* V. CESAREO, *La religiosità in Italia,* Mondadori, Milano 1995.

Oltre all'amore che nasce dall'affetto e dalla comunanza di vita, l'Antico testamento insegna anche l'amore gratuito, che imita quello di Dio Creatore e Misericordioso, per le categorie più indesiderate dall'umanità: *orfani, vedove, poveri e forestieri* (*Cfr Es* 22,20-23; *Dt* 26,12; 27,19; *Sal* 93,6; 67,6-7).

1.2 Il messaggio dell'amore misericordioso nell'Antico Testamento.

L' Alleanza[3] sul Sinai rappresenta il vertice della rivelazione dell'amore di Dio per il suo popolo (*Cfr Es* 19,24). Alla luce dell'alleanza il passato, il presente e il futuro confermano la presenza dell'amore preferenziale di Dio per Israele.

Tra gli obiettivi dell'Amore indicati dall'Antico Testamento, merita un posto particolare il *Tempio Santo*, luogo della presenza di Dio e della sua gloria (*Sal* 25,8). Là accorrono, e ritrovano la loro unità, tutte le tribù di Israele (*Sal* 71,9-19); là dimora la Sapienza di Dio (*Sir* 24,11); là Israele è attratto dall'amore di Dio (*Sal* 84,2-9); là si trova la fonte inesauribile della pace-*shalom* (*Is* 66,10-14).

«"*Eterna è la sua misericordia*" è il ritornello che viene riportato ad ogni versetto del Salmo 136 mentre si narra la storia della rivelazione di Dio. In forza della misericordia, tutte le vicende dell'Antico

[3] *Cfr* G. VON RAD, *Teologia dell'Antico Testamento. II. Teologia delle tradizioni profetiche di Israele,* Paideia, Brescia 1974, 468-494.

Testamento sono cariche di un profondo valore salvifico. La misericordia rende la storia di Dio con Israele una storia di salvezza. Ripetere continuamente "*eterna è la sua misericordia*", come fa il Salmo, sembra voler spezzare il cerchio dello spazio e del tempo per inserire tutto nel mistero eterno dell'Amore. È come se si volesse dire che non solo nella storia, ma anche per l'eternità l'uomo sarà sempre sotto lo sguardo misericordioso del Padre. Non è un caso che il popolo di Israele abbia voluto inserire questo salmo, il *Grande Hallel* come viene chiamato, nelle feste liturgiche più importanti» (*Misericordiae Vultus* 7).

1.3. "Modelli di Carità" dell'Antico Testamento.

Molteplici le figure da prendere a modello di Carità nel panorama Veterotestamentario, si potrebbe partire dall'inventario delle grandi Donne Bibliche: *Tamar, Giuditta, Ester*, ce ne sarebbero molte altre che come loro hanno messo a repentaglio la propria vita e quanto di più caro avevano per Amore del Popolo-di- Dio. Con la preghiera e la certezza nell'amorevole carezza divina, hanno affrontato il "mondo" noncuranti della sorte che sarebbe loro capitata, un'unica certezza sembra aver mosso i loro passi nella storia: l'Amore di Dio e l'Amore in Dio, una Speranza che assume i tratti della Certezza nella divina assistenza e benevolenza.

Il Popolo eletto stesso può divenire modello di Carità, di Amore, perché proprio l'amore che Israele nutre nei confronti di JHWH può essere una valida risposta all'Amore che Dio Stesso manifestò nel liberare il Popolo dalla schiavitù d'Egitto; questa risposta amorevole alla divina chiamata che parte sicuramente dalla presa di coscienza della divina benevolenza, andrà a concretizzarsi nell'*Amen* detto a sugello dell'Alleanza sinaitica stipulata con Mosé (*Cfr Dt* 10, 12-22).

Mosé stesso diviene pienamente modello d'Amore, ce lo testimonia *Clemente I* nella sua lettera ai Corinti, al Cap. LIII:

«Quando Mosè salì sul monte trascorrendo quaranta giorni e quaranta notti nel digiuno e nell'umiltà, a lui disse il Signore: "Discendi presto di qui perché il popolo tuo, che conducesti dalla terra di Egitto, ha prevaricato; si è presto allontanato dalla via che tu avevi prescritto, e si è fatto idoli di metallo fuso". 3. E disse a lui il Signore: "Ti ho parlato una volta e anche due dicendo: "Ho riguardato questo popolo e vedi è di dura cervice; lascia che lo distrugga. Cancellerò il suo nome di sotto il cielo e farò di te una nazione grande, meravigliosa e molto più numerosa di questa"". 4. E disse Mosè: "Giammai, Signore. Rimetti il peccato a questo popolo, o cancella me dal libro dei viventi". 5. O grande carità! O perfezione insuperabile! Un servo parla con libertà al Signore, implora il perdono per il popolo o chiede di essere eliminato anche lui con esso».

Tre piccoli esempi per comprendere meglio che l'Antico Testamento vuole insegnare che l'Amore, sia esso Carità o Misericordia, o, ancora meglio, Amore misericordioso, che esso ha una grande peculiarità che è la gratuità, che imita quella di Dio, Creatore e Provvidente (*Cfr Es*22, 20-23; *Dt* 26, 12; 27,19; *Sal* 93,6; 67,6-7).

Il rapporto d'Amore che l'uomo nella sua creaturalità vive col Creatore, invocandolo come Dio Padre è autentico se detiene la caratteristica della *soprannaturalità,* nel suo oggetto-fine e nel suo motivo; l'*indispensabilità,* ossia, porre l'amore di Dio, nella gerarchia dei valori, al primo posto sviluppando la capacità di amarLo al sommo, fino al dono della vita; *interiorità*, deve scaturire dall'intimo della persona; l'*efficacia,* la capacità di superare il sentimento e il sentimentalismo.

Capitolo secondo

VERBO D'ETERNA LUCE

«Si rivela così possibile l'amore del prossimo nel senso enunciato dalla Bibbia, da Gesù. Esso consiste appunto nel fatto che io amo, in Dio e con Dio, anche la persona che non gradisco o neanche conosco. Questo può realizzarsi solo a partire dall'intimo incontro con Dio, un incontro che è diventato comunione di volontà arrivando fino a toccare il sentimento. Allora imparo a guardare quest'altra persona non più soltanto con i miei occhi e con i miei sentimenti, ma secondo la prospettiva di Gesù Cristo. Il suo amico è mio amico. Al di là dell'apparenza esteriore dell'altro scorgo la sua interiore attesa di un gesto di amore, di attenzione, che io non faccio arrivare a lui soltanto attraverso le organizzazioni a ciò deputate, accettandolo magari come necessità politica. Io vedo con gli occhi di Cristo e posso dare all'altro ben più che le cose esternamente necessarie: posso donargli lo sguardo di amore di cui egli ha bisogno. Qui si mostra l'interazione necessaria tra amore di Dio e amore del prossimo, di cui la <u>Prima Lettera di Giovanni</u> parla con tanta insistenza. Se il contatto con Dio manca del tutto nella mia vita, posso vedere nell'altro sempre soltanto l'altro e non riesco a riconoscere in lui l'immagine divina. Se però nella mia vita tralascio completamente l'attenzione per l'altro, volendo essere solamente «pio» e compiere i miei «doveri religiosi», allora

s'inaridisce anche il rapporto con Dio. Allora questo rapporto è soltanto «corretto», ma senza amore. Solo la mia disponibilità ad andare incontro al prossimo, a mostrargli amore, mi rende sensibile anche di fronte a Dio. Solo il servizio al prossimo apre i miei occhi su quello che Dio fa per me e su come Egli mi ama. I santi — pensiamo ad esempio alla beata Teresa di Calcutta — hanno attinto la loro capacità di amare il prossimo, in modo sempre nuovo, dal loro incontro col Signore eucaristico e, reciprocamente questo incontro ha acquisito il suo realismo e la sua profondità proprio nel loro servizio agli altri. Amore di Dio e amore del prossimo sono inseparabili, sono un unico comandamento. Entrambi però vivono dell'amore preveniente di Dio che ci ha amati per primo. Così non si tratta più di un «comandamento» dall'esterno che ci impone l'impossibile, bensì di un'esperienza dell'amore donata dall'interno, un amore che, per sua natura, deve essere ulteriormente partecipato ad altri. L'amore cresce attraverso l'amore. L'amore è « divino » perché viene da Dio e ci unisce a Dio e, mediante questo processo unificante, ci trasforma in un Noi che supera le nostre divisioni e ci fa diventare una cosa sola, fino a che, alla fine, Dio sia « tutto in tutti » (1 Cor 15, 28)».(*Deus Caritas Est,* Benedetto XVI, 18).

È Proprio la su citata Lettera enciclica di Benedetto XVI del 2006 a suggerire il percorso di questa riflessione sulla Carità, infatti, in *Deus Caritas Est*, nei primi 10 capitoli, realizza una *explicatio terminorum* riguardo il termine Amore nella cultura greca, con la famosa trilogia: *Eros, Philia* e *Agape.*

L'Amore nei *Sinottici* è Gesù, compimento e pienezza della Rivelazione attuata da Dio nell'Antico Testamento, è dunque la cerniera che unisce il duplice dettame divino, di amare Dio e il prossimo (*Cfr Mc* 12, 28-34*; Mt* 22, 34-40*; Lc* 10, 25-28).

Giovanni, nella sua prima lettera (*1Gv* 4,8.13) definisce a chiare lettere l'essere e l'agire di Dio nella locuzione: "Dio è Amore". Questo Amore è ciò che lega Padre e Figlio e nel Figlio trova il suo apice nella crocifissione, pertanto, non è un fallimento bensì promessa di una glorificazione certa sia in Cristo stesso che in coloro che ne seguiranno le orme.

«[...] Chi crede nel Figlio ha la Vita eterna». (*Gv* 3,36). Per radicarsi in Dio, bisogna radicarsi nell'Amore verso i fratelli, ossia, la Fede trova la sua massima espressione nella Carità, Giovanni infatti dice con veemenza: chi non ama il fratello rimane nella morte in quanto rompe il suo rapporto con Dio. (*Cfr. Gv* 3,14-15; 4,7-8)[4].

Per *Paolo*, invece, l'Amore è strettamente collegato all'esperienza della fede in Cristo (*Cfr. Rm* 1,7; *Col* 3,12), è pertanto accoglienza dell'Agape grazie all'aiuto dello Spirito Santo, un procedere trinitario, non un mero sentimento (*Cfr. Rm* 5,5). Questa

[4] *Cfr* H. D. WENDLAND, *Etica del Nuovo Testamento,* Paideia, Brescia 2000, 179-188.

Carità, eleva l'uomo alla categoria di figlio del Pedre (*Cfr. Rm* 8,15-16) e fratello di Cristo (*Cfr. Rm* 8,17; *Ef* 1,5). Nella teologia paolina, tutto è assoggettato alla Carità poiché la pienezza della legge è l'Amore (*Cfr. Rm* 13,10).

2.1 Dio incarnato-Amore nell'orizzonte neotestamentario.

Cristo diviene rivelazione dell'misterioso Amore divino con tutto sé stesso, con parole, gesti e nell'adempimento alla volontà di Dio nel sacrificio pasquale di cui è il vertice, per questo ogni battezzato mendica e cerca la stessa dedizione e spirito di sacrificio che Cristo stesso ha avuto abbracciando la croce, obbedendo a quanto di più mostruoso possa esistere al mondo, non ha considerato sconveniente però consegnarsi alla morte per l'umana redenzione portando a compimento il progetto che Dio Padre aveva su di Lui e che ben conosceva. (*Cfr. Gv* 4,34*; Lc* 2,49*; Eb* 10,5-10*; Mc* 10,45*; Fil* 2,8*; 2 Cor* 5,14-15*; Lc* 23,46*)*. La risposta più vera dell'uomo a tanto Amore sarà una risposta di passione in Cristo Signore, Lui che è l'unico punto di incontro e crocevia dello scambio amorevole. La grande pretesa veterotestamentaria è dunque un amore totalizzante, che innalza al livello di Cristo, pertanto si potrà dire "per Cristo, con Cristo, in Cristo"; è così che l'uomo Ama il suo prossimo: «Questo è il mio comandamento: amatevi gli uni gli altri *come* io vi ho amato» *(Gv* 15,12*)*.

Così il dinamismo della Carità (Amore vero e misericordioso), intimamente unito al dinamismo della Fede, l'uomo appartiene maggiormente a Dio, assecondando la sua profonda chiamata alla santità quale scintilla amorevole nella sua intera esistenza; non solo, ma questo Amore divino, si fa dono nello Spirito Santo da Gesù Risorto, così che Dio possa incarnarsi nella quotidianità dei gesti, mediante la Grazia, di ogni battezzato che si sforza di vivere la vita in Cristo Signore e Servo.

Il dono dell'*inabitazione della Trinità* nel credente è la verità che illumina il significato profondo del rapporto di amore tra il credente e Dio[5].

2.2 Il messaggio dell'amore nel N. T.

Amore, Carità e Misericordia, sembrano appartenere al medesimo spettro semantico, tre termini legati da un comune denominatore: Dio nella sua essenza fattiva. Cosa possa rappresentare meglio, cosa possa essere l'Amore è argomento vasto e controverso ma, partendo dal N.T., l'Amore è Dio in quanto fonte di ogni Carità, se ne ha un quadro più preciso nella contemplazione della complementarità trinitaria seguendone il naturale andamento: *Dio è Carità* (1*Gv* 4,8.16; *Rm* 8,37); *Cristo ci ama morendo in croce* (1*Gv* 13,1; 14,21; 17,23; *Ap*

[5] *Cfr* B. ELISABETTA DELLA TRINITÀ, *Opere,* Paoline, Cinisello Balsamo 1993.

1,5); *Lo Spirito santo è l'Amore profuso e infuso nei cuori degli uomini* (*Rm* 5,5; *Gv* 14, 15-17; 20, 22; *At* 2, 1-4).

Il rapporto di carità tra l'uomo e Dio è una battaglia che si combatte ad armi impari in quanto Dio è l'infinitamente Altro e il N.T. afferma proprio a caratteri nitidi l'unica possibilità che l'uomo ha di Amare Dio: inseriti in Cristo, lo si Ama insieme a Lui in quanto Figlio e noi suoi fratelli nello Spirito Santo (*Gv* 14,21).

Caritas forma omnium virtutum, la Carità è l'"anima" di tutte le virtù proprio perché crea un rapporto tra l'uomo e ciascun aspetto della sua espansione etica. Tre sono gli obiettivi di questo Amore: Dio, il prossimo e se stessi; non si può amare Dio e non amare il prossimo e, viceversa non si può amare sé stessi rifiutando Dio o il prossimo (*Cfr.* LG 40).

2.3 "Modelli di Carità" nel Nuovo Testamento.

Il grande "modello" della carità cristiana nel N.T. ci è fornito sicuramente da *Paolo* che per "Carità" intende il perfetto programma del buon cristiano:

«Al contrario, vivendo secondo la verità nella carità, cerchiamo di crescere in ogni cosa verso di lui, che è il capo, Cristo, dal quale tutto il corpo, ben compaginato e connesso, mediante la collaborazione di ogni giuntura, secondo l'energia propria di ogni membro, riceve forza per crescere in modo da edificare sé stesso nella carità» (*Ef* 4,15-16).

Nella prima lettera alla comunità di Corinto, l'inno alla Carità, ne descrive la "consistenza" (*1Cor*13, 1-13); nella lettera ai Galati invece Paolo pone la carità quale il primo tra i frutti dello Spirito Santo, capace di distruggere le opere della carne:

«Ma se vi lasciate guidare dallo Spirito, non siete più sotto la legge. Del resto, le opere della carne sono ben note: fornicazione, impurità, libertinaggio, idolatria, stregonerie, inimicizie, discordia, gelosia, dissensi, divisioni, fazioni, invidie, ubriachezze, orge e cose del genere; circa queste cose vi preavviso, come già ho detto, che chi le compie non erediterà il regno di Dio. Il frutto dello Spirito invece è amore, gioia, pace, pazienza, benevolenza, bontà, fedeltà, mitezza, dominio di sé; contro queste cose non c'è legge».

Questo germe di virtù non deve pertanto essere sotterrato (*Mt* 25,25) ma crescere a tal punto da divenire la struttura portante del dinamismo interiore della persona, sono infatti le azioni che permettono a questa virtù di radicarsi e di qualificare il credente come "persona caritatevole".

Capitolo terzo

SPIRITO DI SAPIENZA

"Dono di Dio" è tra gli appellativi più comunemente utilizzati per indicare lo Spirito Santo. Nel Prefazio della IV Preghiera Eucaristica, si recita:

«E perché non viviamo più per noi stessi, ma per colui che è morto e risorto per noi, ha mandato, o Padre, lo Spirito Santo, *primo dono* ai credenti, a perfezionare la sua opera nel mondo e compiere ogni santificazione».

L'Amore scaturisce da Dio dato che Lui è fonte inesauribile di Amore; nell'essere umano, ciò viene tradotto in gesti, in opere che si polarizzano intorno a questo grande Valore creando corrispondenza coi bisogni intimi e i sentimenti correlativi. Dio diviene dunque il riferimento essenziale, il principio e il fine ultimo di una vita vissuta in Amore comunionale con Dio stesso e con la sua chiesa nel tendere a spargere nel mondo questo dono di carità fattiva.

È proprio S. Agostino ad illustrare il nesso che intercorre tra Carità e Felicità: la Carità è l'amore di Dio che agisce come forma intima delle Virtù.

«La virtù ci conduce alla vita beata. Ed io affermo che non esiste virtù che non sia l'amore per Dio. Infatti, quella che chiamiamo quadruplice virtù viene detta così, per quanto ne so, unicamente a motivo di qualche aspetto dell'amore in essa racchiuso. Pertanto non dubito di definire quelle quattro virtù -la cui forza ci auguriamo sia nell'animo di tutti, così come il loro nome è sulla bocca di tutti – nel modo seguente: la *temperanza* è l'amore che si offre integro a ciò che viene amato; la *fortezza* è l'amore che sopporta facilmente tutto ciò che ama; la *giustizia* è l'amore che serve solo all'amato e che per questo domina in maniera retta; la *prudenza* è l'amore che distingue sagacemente quelle cose da cui è aiutato da quelle da cui è impedito».[6]

Questo vortice virtuoso sembra essere strettamente collegato all'azione che lo Spirito Santo esercita sul credente per portare a compimento il disegno d'Amore che Dio aveva pensato per l'essere umano.

«O *Fuoco consumante,* Spirito d'Amore, "scendi sopra di me", affinché si faccia nella mia anima come un'incarnazione del Verbo: che io sia per lui un'umanità aggiunta nella quale egli rinnovi tutto il suo Mistero. E tu, o Padre, chinati sulla tua povera piccola creatura, *coprila della tua ombra* e non vedere in lei che il *Diletto nel quale hai posto tutte le tue compiacenze*».[7]

---

[6] AGOSTINO, *De moribus ecclesiae catholicae et de moribus Manicheorum,* I; 15; PL 32, 1322.
[7] ELISABETTA DELLA TRINITÀ, *Opere,* Paoline, Cinisello Balsamo 1993, 778.

3.1 Spirito Santo – Amore nell'orizzonte neotestamentario.

Nel vangelo di *Giovanni* Gesù spiega in che modo si giunge alla salvezza: dissetarsi di Cristo e ricevere lo Spirito Santo (*Gv* 7, 37-39).

La *Samaritana a Sicar*, dopo la richiesta da parte di Gesù di un po' d'acqua (*Gv* 4,7), Gesù le parla della vita in Dio che, proprio come l'acqua, è dono di Dio che viene dall'alto (*Gv* 4,10-14). In questo modo si parla implicitamente di Dono dello Spirito mentre Luca risulta essere più esplicito (*Lc* 24, 49; *At*2,1-4). Perché lo Spirito Santo è il dono che la SS. Trinità largisce agli uomini comunicandogli il loro "dono d'Amore", come il dono permanente cantato dalla liturgia espresso nel *Veni Creator Spiritus* quando lo invoca quale *Dator munerum*, inesauribile fonte di doni.[8]

Gli *Atti degli Apostoli* sono detti il Vangelo dello Spirito Santo in quanto contengono gli interventi dello Spirito Santo quale forza costitutiva della Chiesa (*Cfr At* 1,8; 2,1-48; 6, 1-6; 10,44-48; 16,6-10; 19, 1-7).

Nelle lettere di Paolo, è descritta la riflessione teologica sul ruolo dello Spirito Santo nella comunità della Chiesa nascente; tuttavia il legame tra lo Spirito e la comunità è da rintracciarsi proprio nell' Amore – Carità: "l'Amore di Dio è stato riversato nei nostri cuori per mezzo dello Spirito Santo che ci è stato dato (*Rm* 5,5). Partendo dal dinamismo

[8] *Cfr* R. CANTALAMESSA, *Il canto dello Spirito. Meditazioni sul Veni Creator,* Ancora, Milano 1997.

paolino di *Rm* 5,5 l'amore non è solo un sentimento, anzi, è accoglienza dell'Amore Divino che lo Spirito Santo versa nel cuore dell'uomo; questo Spirito- Carità fattiva, eleva il credente alla familiarità intratrinitaria. Paolo asserisce che lo Spirito effonde nella comunità diversi ruoli: apostoli, profeti e maestri (*Cfr 1Cor*12, 28-30; *Ef* 5,11); "a ciascuno è data una manifestazione particolare dello Spirito per l'utilità comune" (*1 Cor* 12,7; 14,12-33), e questo "è ciò che piace al Signore" (*Ef* 5,10; *1 Cor* 12,10; *Fil* 1,10). Lo Spirito Santo è comunione, dono d'Amore trinitario;

3.2 Il messaggio dello Spirito Santo – Amore nel N. T.

Le verità di fede affondano le loro radici nell'economia dell'Amore trinitario; pertanto, l'approccio mentale umano alla *rivelazione* risulterà sempre limitato pur restando il tentativo di apertura al mistero dell'Infinito; si parte da una singola verità di fede che, come chiave ermeneutica, non solo illumina le singole verità, ma coglie, dal suo angolo di vista, il nesso vigente tra le singole affermazioni e ne intuisce il disegno unitario.[9]

I doni dello Spirito Santo sono anzitutto l'emanazione della Sua presenza nel cuore del credente in grembo alla comunità della Chiesa.

---

[9] *Cfr* H. U. VON BALTHASAR, *La verità è sinfonica. Aspetti del pluralismo cristiano,* Jaca Book, Milano 1974; P. RICOEUR, *Dire Dio. Per un'ermeneutica e critica del linguaggio religioso,* Queriniana, Brescia 1993[3]; H.G. GADAMER, *Verità e metodo. 2. Integrazioni,* Bompiani, Milano 1996.

Illuminante è senz'altro l'espressione paolina "*Spirito del Cristo*" (*Rm* 8,9).

«Voi però non siete sotto il dominio della carne, ma dello Spirito, dal momento che lo Spirito di Dio abita in voi. Se qualcuno non ha lo Spirito di Cristo, non gli appartiene. E se Cristo è in voi, il vostro corpo è morto a causa del peccato, ma lo spirito è vita a causa della giustificazione. E se lo Spirito di colui che ha risuscitato Gesù dai morti abita in voi, colui che ha risuscitato Cristo dai morti darà la vita anche ai vostri corpi mortali per mezzo del suo Spirito che abita in voi» (*Rm* 8, 9-11).

I doni che lo Spirito effonde sui credenti e sulla Chiesa sono doni dell'Amore-dono che intercorre tra lo Spirito e Cristo. La Chiesa, sposa di Cristo, vive di questo amore eterno e sempre nuovo e mentre fornisce maggior spazio d'accoglienza ad ogni dono che viene dall'alto divenendo una sorta di grembo che nutre coi doni i suoi figli.

La riflessione sui dati rivelati riguardo i doni dello Spirito attraversa tutta la storia della Chiesa dalle prime comunità cristiane ai nostri giorni. Possiamo considerarlo l'impegno di comprendere e precisare, nei limiti della ragione teologica, la triplice fonte, *Spirito-Cristo-*

Chiesa, dell'Amore che Dio effonde sui suoi figli e che palpita nel cuore di ogni cristiano[10].

3.3 "Modelli di Carità" dello Spirito Santo.

La riflessione di San Tommaso nella *Summa Theologiae* è un punto di arrivo della riflessione sui doni già cominciata dai Padri della Chiesa, giungendo fino alla Scolastica. La fonte biblica risiede in *Is* 1,1-3, presentando il Messia ricolmo dei doni dello spirito. Nel mettere ordine fra questi doni a partire dalle facoltà dell'uomo, Tommaso ne riconosce sette: quattro di esse hanno lo scopo di potenziare le capacità dell'intelletto (sapienza, intelletto, consiglio e scienza), le restanti tre, invece, potenziano la volontà (fortezza, pietà, timore di Dio)[11].

Dopo aver marcato la netta differenza fra doni e virtù ed aver affermato la necessità di essi nella consistenza del cristiano, la *Summa* dimostra la connessione fra essi e il diretto collegamento con le virtù. C'è da dire che secondo Tommaso i doni, in quanto attività legate alla persona scompariranno, mentre d'altro canto, il loro riverberò rimarrà in quanto hanno realizzato un particolare legame con lo spirito Santo.

I doni spirituali possono essere riconosciuti ed identificati dai loro *effetti*; potenziano le capacità dell'uomo ponendolo in condizione

[10] *Cfr* A.GARDEIL, *Dons du Saint-Esprit,* in *Dictionnaire de Théologie Catholique,* IV-II, Letouzey, Paris 1924, coll. 1728-1781.
[11] *Cfr S.Th.,* I-II, q.68.

di aumentare la capacità dell'uomo di prontamente rispondere ai voleri dello spirito Santo. Accrescono, infatti, in lui la capacità di accogliere la grazia di Dio, tanto da permettergli di scegliere la via del Martirio.

La grande novità di Tommaso è nel fatto di aver sottolineato la connessione tra *spiritus* e *motus*: lo Spirito Santo, comunicando il suo dinamismo (*motus*) al credente, infonde nella sua anima i suoi doni facilitandone la risposta attraverso le virtù[12].

La maturazione dell'uomo virtuoso si realizza all'interno di due interventi divini: la rivelazione della Legge di amore, che assume la connotazione dell'eternità, e il tempo – grazia che rende presente Dio nella quotidianità. I recenti tempi ed i recenti accadimenti storici, purtroppo, hanno messo in crisi il sistema compatto e compattante di questi principi, si parla infatti di post-moderno, di liquidità di luoghi, pensieri e relazioni, forse che anche il rapporto con dio stia assumendo tali caratteristiche? La questione resta aperta.

[12]*Cfr* O. LOTTIN, *Morale fondamentale,* Desclée, Tournai 1954, p. 420. Oppure *Cfr* R. CESSARIO, *Le virtù,* Jaca Book, Milano 1994, pp. 35-37.

Capitolo quarto

CARITA' PERFETTA

*"Nessuno ha un Amore più grande di questo: dare la vita per i propri amici" (*Gv *15,13).* Pertanto, uniti a Cristo e guidati dall'ombra dello Spirito Santo, bisognerà penetrare nel mistero dell'Amore Trinitario e *diventare una scintilla di Amore Divino che vive solo per la gloria del Padre, del Figlio e dello Spirito.*[13]

4.1 Carità-Amore nell'orizzonte comunitario.

La Carità, intesa come virtù, nella sua essenza e nel suo dinamismo, ha impresso il carattere della comunione.

Essa ha come fonte mistica l'Amore Intratrinitario, che è ineffabile e totale nella sua essenza e nella sua sostanza, si esprime nelle relazioni interne alla Trinità stessa. Si realizza nella comunicazione verticale, dove il credente tende verso la più profonda comunione di vita e di grazia con Dio; La carità, pertanto, si incarna nella vita ecclesiale che esprime in toto la natura stessa della Chiesa "sacramento o segno e strumento dell'intima unione con Dio e dell'unità di tutto il genere umano" (LG 1). In questo modo il credente comunica con la

[13] ELISABETTA DELLA TRINITA', *Opere,* Paoline, Cinisello Balsamo 1993, p. 524.

comunità ecclesiale entrandoci in dialogo. Si articola così in una triplice espansione, creando rapporti sempre più saldi e fecondi con Dio e di riflesso, col prossimo.

La carità agisce nell'organismo virtuoso del soggetto con una intima forza unificante: *"caritas forma omnium virtutum"* tendendo a fondere in unità ogni virtù e ogni scelta buona; in questo modo, avrà un riverbero profondo e significativo anche sul cosmo e sul creato, in modo da poter imprimere in ogni dove il sigillo della carità.

4.2 Il messaggio del dialogo tra Carità e Cultura.

Considerando il dinamismo della virtù della carità del singolo credente, l'ambito culturale nel quale è calato che, necessariamente provocherà e condizionerà le sue scelte che però potranno volontariamente essere ispirate e orientate all'autentico amore *(agàpe).* Ogni cultura è portatrice di valori, siano morali, sociali o religiosi, essi costituiscono un dono del Creatore; quando un cristiano vive in piena coscienza la sua scelta di fede, è coinvolto in un fecondo dialogo tra le ricchezze antropologiche della sua fede e l'ambiente culturale nel quale è inserito. Per il credente il dialogo con la cultura circostante deve avere come criterio irrinunciabile l'espansione delle energie in vista dell'avvento di una civiltà più umana e più impregnata di amore[14]. (*Cfr.* GS 57).

---

[14] *Cfr* L. LUZBEATAK, *Chiese e culture. Nuove prospettive di antropologia della missione,* EMI, Bologna 1991.; PAOLO VI, Esortazione Apostolica *Evangeli Nuntiandi* n. 79; in *Ench. Vat.,* 5, 1708-1709.

4.3 "Modello personale di Carità".

Partendo dal presupposto che il testo *princeps* della scrittura che descrive ampiamente il volto, le modalità espressive e l'essenza della Carità, resta *Lc* 10, 25-37, più comunemente conosciuto come "Il buon samaritano", costituisce la *Magna Charta* della Carità, è stato infatti il canovaccio grazie al quale molti uomini e donne di buona volontà hanno incarnato per mettere in opera il meccanismo di salvezza che caratterizza ed ha caratterizzato la storia della Chiesa. Lampante è il sentimento di non curanza che il sacerdote e il levita assumono, due addetti ai lavori, che paradossalmente ben conoscono le Scritture, guardano e passano oltre la scena di pietà che si palesa ai loro occhi, due esperti della Legge non la mettono in pratica, così che "l'amore, resta impigliato nella griglia dello scritto"[15].

Uno straniero, un eretico, colui che è ai margini della società, è l'unico che mosso a compassione e si prende veramente cura di tutta la persona, sana le sue ferite corporali e spirituali, non solo, si assicura che nei giorni a venire costui abbia vitto e alloggio assicurato e qualcuno che possa prendersi cura di lui. Quest'atteggiamento, questa tenerezza, questa Carità misericordiosa, sono l'essenza della vicinanza a Dio. "Che hai dato se non quello che hai ricevuto da me? Dai cose terrene,

[15] A.VON SPEYR, *Le parabole del Signore,* Jaca Book, Milano 2002, p.136.

ricevi cose celesti. Hai dato del mio, io mi dono a te. Cristo si è donato a te, non dovremmo anche noi cristiani donare Cristo, che ci viene incontro in coloro che hanno bisogno? Cristo nutre ed è per amor del tuo bisogno; dona ed è bisognoso. Se dona a te, tu ricevi, e se egli è nel bisogno, non vorrai fargli dei doni? Cristo è bisognoso quando il povero è bisognoso. Colui che vuole donare a tutti la vita eterna si è degnato di ricevere nei poveri cose temporali. Incontrerai Cristo, che siede in trono in cielo. Aspettalo quando egli è sotto i ponti, aspettalo quando ha fame e trema dal freddo, aspettalo come forestiero"[16].

Così, nel pieno del suo splendore hanno avvistata all'orizzonte questa Carità, come una luce nella notte, ed è così che son stati misticamente rapiti coloro che hanno dedicato la propria vita agli altri fino al dono della vita:

Vincenzo de' Paoli, Luisa de Marillac, Camillo de Lellis, Giuseppina Vannini, Bertilla Boscardin, Teresa di Calcutta per citarne qualcuno, ma colui che diede un volto femminile alla Carità, quale proprietà esclusiva di Dio - l'avere un cuore di madre – fu proprio Camillo de Lellis, il rinnovatore della sanità italiana in epoca moderna, che incitava i suoi fratelli con fervide parole affinché avessero *più cuore nelle mani*, mani che accarezzano, mani che curano, che sanano, che guariscono tanto il corpo quanto l'anima! Camillo ha versato sui

[16] AGOSTINO, *Sermo* 38,8 [tr.it., in *Opere di Sant'Agostino*29, Città Nuova, roma 1979].

sofferenti il calderone bollente dell'Amore divino, della Carità perfetta e dell'intimo perdono che aveva personalmente sperimentato.[17]

4.3 .1 Il Dinamismo interiore della Carità.

La crescita della virtù della carità richiede la messa in atto dei mezzi propri che la persona ha ovviamente a disposizione, a prescindere dai doni che Dio può elargire., 4 sono le facoltà che guidano la vita spirituale dell'uomo:

- *Tabula rasa:* sgombrare la mente dai pregiudizi che impediranno di vedere le meraviglie di Dio.
- *Scoprire l'amabilità di Dio e dei suoi figli:* Dio è amabile e di riflesso anche gli esseri umani essendo figli nel Figlio.
- *Usare l'intelletto:* per capire, il cuore per empatizzare e la volontà per scegliere come dove e quando mettere in atto i divini dettami.
- *Conoscere:* interrogarsi e ricercare sono due verbi da scolpire nell'indole umana.

4.3.2 La Carità nell'intimo della Persona.

L'agire della persona rivela la sua essenza, pertanto se il suo agire è caritatevole, allora rivela il suo essere come carità ricevuta che deve necessariamente donare; la carità pone le sue radici nell'intima

---

[17] *Cfr* K. TRĘBSKI (ed.): *San Camillo de Lellis, Patrono dei malati, sofferenti, operatori sanitari e luoghi di cura*, Camarata Picena: Shalom, 2008².

essenza della persona rendendola salda e avente un duplice orientamento: verso Dio e vero il Prossimo, l'uomo è quindi *capax amoris* "la persona è la creatura umana creata da Dio e destinata all'amore; è l'unica creatura voluta da Dio come potenzialità di amore che dischiude il mistero della propria identità per accogliere il dono divino della virtù della carità".[18]

L'amore umano utilizza l'intelletto per riflettere e la parola per parlare, si vanifica se non pone le sue radici nell'agire, solo così questa persona diverrà artefice di amore. Cristianamente, il credente, unito all'Amore di dio, non si limita alla sola riflessione o alla semplice proclamazione ma agirà spinto dalla carità (*Cfr 2 Cor* 5,14), diviene così artefice di carità divina. *Fare la carità*, viene volgarmente confuso con l'elemosina, gesto molto limitato dell'amore che invece si prenderebbe cura dell'intero essere che gli si palesa proprio in virtù della grandiosità di questa virtù; per Paolo, *fare la carità* è il programma perfetto del buon cristiano:

"Vivendo secondo la verità nella carità, cerchiamo di crescere in ogni cosa verso di lui, che è il capo, Cristo, dal quale tutto il corpo, ben compaginato e connesso, mediante la collaborazione di ogni giuntura, secondo l'energia propria di ogni membro, riceve forza per crescere in modo da edificare sé stesso nella carità (*Ef* 4,15-16). "Ma se vi lasciate

[18] B. HARING, *La legge di Cristo. II. Morale speciale: Vita di comunione con Dio e col prossimo,* Morcelliana, Brescia 1964[3], pp. 123-124.

guidare dallo Spirito, non siete più sotto la legge. Del resto, le opere della carne sono ben note: fornicazione, impurità, libertinaggio, idolatria, stregonerie, inimicizie, discordia, gelosia, dissensi, divisioni, fazioni, invidie, ubriachezze, orge e cose del genere; circa queste cose vi preavviso, come già ho detto, che chi le compie non erediterà il regno di Dio. Il frutto dello Spirito invece è amore, gioia, pace, pazienza, benevolenza, bontà, fedeltà, mitezza, dominio di sé; contro queste cose non c'è legge". (*Gal* 5,18-23).

La carità teologale, ha un movimento circolare, scaturisce da Dio, fonte di Amore e viene calata in scelte concrete polarizzate dai valori corrispondenti ai bisogni intimi della persona. Al riferimento essenziale a Dio, principio e scopo ultimo della vita di amore e di comunione, il credente deve congiungere il ruolo della comunità ecclesiale dalla quale attinge le energie vitali dell'amore, e la tensione per estendere al mondo il dono della carità salvifica.

Capitolo quinto

IL MODELLO: "FAMIGLIA"[19]

La Chiesa, saggiamente si interroga ed interroga ciascun credente in merito alla questione che è e resta aperta, da questi presupposti nasce la necessità di un Sinodo, come già avvenuto nel 2015, durante il quale si è riflettuto sulla famiglia, la cellula *princeps* dell'amore nella quale Dio stesso si esprime, vive e "lavora".

5.1 Famiglia-Amore nella storia *(Cfr. Lc 2,1-12).*

Rileggendo la pagina dell'Evangelista Luca, ci si accorge nell'immediato del come la famiglia di Nazareth sia pienamente inserita in una storia concreta. Una storia fatta di leggi, di incontri, di rifiuti, di accoglienza. Tutte le esperienze sono tipiche di una realtà socioculturale che accoglie o rifiuta, scarta, scruta l'altro per comprendere se può essere importante aprirgli o meno le porte del cuore e della vita.

---

[19] *Cfr* K.TRĘBSKI, *La tenerezza: una risorsa nella famiglia*, In: *Poznańskie Studia Teologiczne*, 34 (2019), s. 149–163. doi: 10.14746/pst.2019.34.09.

La su citata pericope evangelica, propone inizialmente un *sitz im leben,* ossia, l'immersione nel contesto storico in cui Maria e Giuseppe sono inseriti. Una società bisognosa di contarsi, di sentirsi grande. Difatti, il censimento "di tutta la terra", mostra che ieri, come oggi, il potere sociopolitico abbia ancora la meglio; il bisogno di creare condizioni in cui mostrare la grandezza e il potere che si può esercitare. Ciò che ha il sopravvento su tutto è il decreto di Cesare Augusto. Non importa a chi venga applicato, non è fondamentale considerare l'umanità, ciò che conta è il computo di essa, è il numero delle persone.

La risposta della famiglia di Nazareth è dunque, una risposta obbediente alla legge.

Un secondo aspetto che si evidenzia, è l'impossibilità di alloggiare, ma per quale motivo? Perché per loro non c'era posto nell'alloggio, dice l'evangelista. Risulta pertanto significativo pensare a questa espressione. Colpisce il fatto che per loro non c'era posto. Risultano sconosciute le motivazioni, ma l'affermazione fa pensare che per altri ci sarebbe stato posto. Per Maria e Giuseppe non c'era posto. Forse perché poveri? Forse perché Maria era incinta? Certo, risalta il fatto che l'unico spazio consono per loro fu una stalla. Un luogo per gli animali. Eppure, è il luogo in cui nasce il Figlio di Dio, il Dio-con-noi, l'*Emmanuele*.

Un terzo aspetto che preme far emergere è: a chi è rivolto il primo invito ad andare dal Signore? A chi è stato dato il primo annuncio della salvezza? Sono i poveri, i pastori, che, come Maria e Giuseppe, pernottano all'aperto. Le motivazioni sono diverse, ma sono uomini che devono lavorare anche di notte per mantenere le proprie famiglie. Un lavoro umile, duro, ma dignitoso che li rende aperti ad accogliere un messaggio che cambierà la storia dell'umanità. All'interno di questo si pone un'altra realtà. A fronte di un annuncio importante, come si legge in *Lc 2,11*: "oggi, nella città di Davide, è nato per voi un Salvatore, che è Cristo Signore (...)", i pastori trovano la semplicità di un bambino. Un bambino indifeso che ha bisogno di ogni tipo di cura, eppure è questo il Segno di Cristo Signore.

Come si potrà notare, non si è volutamente porre in essere un quadro esegetico, bensì solo rilevare taluni elementi che possano rimandarci alla società attuale.

Lc 11,29: "Mentre le folle si accalcavano, Gesù cominciò a dire: «Questa generazione è una generazione malvagia; essa cerca un segno, ma non le sarà dato alcun segno, se non il segno di Giona»."

Colpisce come Gesù definisce la sua generazione malvagia. E ben si sa che col termine: malvagio, si possono intendere tutte le brutture che segnano una generazione. Da parte di Gesù è pertanto un richiamo forte ad un popolo che, per credere in Gesù, ha bisogno di segni strepitosi, che sconvolgano l'animo umano, di miracoli strabilianti. Gesù di fronte a questa situazione, risponde semplicemente con il Segno di Giona.

Giona è un profeta che non voleva accettare di andare a Ninive ad annunciare la Parola del Signore, e nonostante la sua indisponibilità, il suo recalcitrare, il suo scoraggiamento, il Signore fa delle sue parole e della sua persona, lo strumento di conversione per Ninive.

Appare significativo pensare a Ninive come la società del nostro tempo, la cosiddetta *Società liquida*[20] e la nostra generazione che talvolta raggiunge i limiti della fragilità e del fallimento, ma che ha sempre la possibilità di una ripresa se capaci di accogliere i segni semplici e umili di un annuncio vero e concreto.

5.2 Il messaggio e lo scenario dell'annuncio.

Appare doveroso e prioritario, a questo punto, proporre il primo passaggio delle riflessioni dei Padri sinodali, i quali desiderano porre l'accento sulla realtà socio-religiosa in cui le famiglie sono chiamate a vivere, a crescere e a testimoniare, come fu per la famiglia di Nazareth.

Nel documento: *In Gesù Cristo il nuovo umanesimo*, documento in preparazione al Convegno di Firenze, si evidenzia a colori abbastanza marcati, lo scenario italiano che risulta essere il riflesso di una realtà internazionale.

Si affrontano diverse sfide, quali:

[20] *Cfr* R. GALLINARO, *Caos e complessità,* Feltrinelli, Bologna 2003.

- un capitalismo meno liberale e più autoritario;
- un potere politico indebolito;
- nuovi scenari di guerre che si combattono in modo nuovo (anche tecnologico);
- abusi di una religiosità ai fini di creare divari fra popoli, alimentando odi e violenze.

Può apparire molto cupa la prospettiva, ma: "al pari delle società europee, quella italiana diventa sempre plurale e complessa, per l'evolversi della cultura occidentale e per l'arrivo di tanti immigrati, portatori di valori e mentalità diverse. La recente crisi economica, inoltre, con le sue drammatiche conseguenze (la drastica diminuzione dei posti di lavoro, l'impoverimento crescente del cedo medio, l'assottigliarsi delle possibilità occupazionali per i giovani che nega loro ogni aspirazione a un giusto protagonismo ...) ha appesantito la dinamica culturale e sociale del Paese."

Questo, è certamente lo specchio della realtà italiana, ma è altresì la realtà mondiale che, con sfumature più o meno marcate, segna il cammino delle famiglie.

Non si può sorvolare sul fatto che, insieme alle sfumature negative si evincono, vi sono anche degli aspetti positivi, che rischiano di non emergere a causa delle tante problematiche che occupano la nostra mente e la nostra vita.

In un cambio antropologico-culturale quale il nostro, possiamo rilevare che si innesta il senso di una libertà di espressione maggiore, un riconoscimento più elevato dei diritti e dignità della donna (*Cfr AA.SS. Mulieris Dignitatem*); un'attenzione più profonda ai bambini. A fronte di questi aspetti positivi si stagliano problematiche come l'individualismo esasperato che frantuma gli equilibri familiari, svuotandoli di senso, e portando a vivere l'esperienza di famiglia come mera condivisione di un luogo. A questo si aggiunge anche una crisi di fede o quanto meno di una fede fragile ed aggrappata a bisogni immediati più che ad una esperienza significativa di Cristo.

Ad aggiungersi a tali linee, troviamo altri elementi che ritornano a danno della realtà familiare creando ferite profonde quali:

- ***Solitudine***: A fronte di una lettura positiva della solitudine che scorgiamo quale momento di confronto con sé stessi e con il Signore, quale momento in cui emerge la verità più profonda dell'essere umano e del suo itinerario di fede, i Vescovi evidenziano la solitudine come dato negativo, quindi più assimilabile all'isolamento, ad un cerchio che si stringe intorno alle persone creando fragilità relazionali. Se rileggiamo le scene della nostra società, o anche delle realtà in cui viviamo, spesso ci si accorge come si tenda quasi a isolare la propria vita e la propria famiglia da ogni contatto esterno, creando come un "cerchio di difesa", ma ben si sa che queste realtà producono solo chiusure e incapacità a guardare con speranza e con gioia il futuro.

L'isolamento in questo ambito può formare un binomio con l'individualismo esasperato che "*ha dominato, nella civiltà occidentale, il tempo dell'espansione economica fino a portare alla crisi attuale, antropologica ed etica prima che economica, non solo ha drammaticamente allentato i legami che rinsaldano la collettività e la rendono un popolo con le sue istituzioni, ma ha anche indebolito i nessi che disegnano lo stesso volto umano* (…)." (In Gesù Cristo il nuovo umanesimo).

- ***Impotenza***: Il senso d'impotenza si produce nel momento in cui si percepisce tutta l'impossibilità o incapacità di far fronte a determinate situazioni. Nella lettura della società odierna, tale impotenza è dettata da una realtà sociale ed economica che non è in grado di creare futuro per i singoli e di riflesso anche per le famiglie. Emerge, in un tale contesto, la povertà nella sua polivalente espressività, da quella economica a quella morale, da quella affettiva a quella esistenziale. Se si volessero usare le parole di papa Francesco, si potrebbe dire che queste sono le *periferie esistenziali* in cui siamo chiamati a vivere e sperare. In quest' ottica, l'impotenza è accentuata attraverso il senso di abbandono da parte di coloro che dovrebbero essere "garanti della famiglia" in ogni suo aspetto, da quello economico a quello che lo riconosce come cellula di futuro per la società, e cristianamente come elemento di speranza. Scrivono i Padri sinodali: "*Le conseguenze negative dal punto di vista dell'organizzazione sociale sono evidenti: dalla crisi demografica alle difficoltà educative, dalla fatica* *nell'accogliere la vita nascente all'avvertire la presenza degli anziani come un peso, fino al diffondersi di un disagio affettivo che arriva talvolta alla violenza.*" (*Relatio Synodi* della III Assemblea generale)

- ***Multiculturalità***: Questa realtà che è sotto gli occhi di tutti, non è un problema, ma pone di fronte a strade diverse da quelle che si è abituati a conoscere. Pertanto, la capacità riflessiva e comprensiva dell'essere umano deve saper guardare: alla poligamia come espressività culturale, ai matrimoni misti e di disparità di culto con le conseguenze loro inerenti, fra questi l'indifferenza o il relativismo religioso. Non si può tralasciare il fatto che matrimonio in sé porta non solo il riferimento a Dio, e quindi presuppone un dato di fede, ma propone una fedeltà ed un legame per sempre, che nella società del relativo in cui il *take away* diviene il *modus vivendi*, diventa elemento disgregante.
- ***Lacerazione***: Tante sono le lacerazioni che toccano la vita delle famiglie. Lacerazioni a causa del divorzio, dove le motivazioni possono essere riconducibili anche a fattori di ordine economico. Sappiamo bene che le lacerazioni del matrimonio hanno conseguenze nefaste sui figli, i quali rischiano di crescere senza padri, o con padri assenti, e quindi spesso crescono con uno solo dei genitori, o in *realtà familiari allargate*. Il senso di responsabilità, segno di maturità umana, spesso viene meno e questo apre voragini incolmabili nell'educazione dei figli. Sempre legate ai bambini, altre sofferenze sono dettate dallo sfruttamento minorile sia a livello lavorativo (fuori Italia) che a livello sessuale. Ultimo aspetto che è bene rilevare come esperienza di fragilità

è la violenza sulle donne. Si verificano spesso violenze sia all'interno della famiglia che all'esterno. Tutte queste lacerazioni creano una società profondamente ferita perché si perde sia il senso della dignità delle persone, quanto il senso profondo del ruolo della famiglia come luogo d'amore, di stima e di fiducia.

- ***Affettività***: Anche questo elemento deve essere considerato come dato costitutivo della società. Se da un lato l'affettività è un punto di forza in quanto aiuta il singolo a trovare una giusta dimensione e a relazionarsi in modo maturo, talvolta si denota una fragilità affettiva. Come rilevano i Padri sinodali, "*la questione della fragilità affettiva è di grande attualità: un'affettività narcisistica, instabile e mutevole che non aiuta sempre i soggetti a raggiungere una maggiore maturità.*" Conseguenza di tutto ciò è la destabilizzazione dei rapporti affettivo-famigliari. Tante sono le cause o i sintomi di questa difficoltà, basti pensare alla diffusione della pornografia, alla commercializzazione del proprio corpo, fino alla riduzione dell'affettività a relazioni emozionali e sessuali. Tutto ciò, è favorito dai media, a partire da internet che facilita via telematica relazioni promiscue, soddisfazioni egoistiche, accentuando solo un egoismo affettivo.

Come si è potuto verificare, molte sono le sfide della società e della cultura odierna, realtà che non devono spaventare, ma devono aiutare a prendere coscienza che si vive in una società che in parte necessita di essere sanata. Come la famiglia di Nazareth che era inserita in un contesto storico-sociale particolare, anche noi siamo invitati a conoscere, comprendere, accogliere questo tessuto esistenziale, offrendo uno sguardo nuovo, una prospettiva altra che salvaguardi la famiglia, il suo sviluppo e la genuinità dei suoi rapporti.

Come il profeta Giona, ognuno dovrebbe sentirsi inviato in una realtà particolare che non sia del passato o del futuro, bensì un presente che interpella e chiede di essere voce di speranza, presenza di creatività nell'amore, palesandosi attraverso le scelte e la coerenza della vita.

5.3. Un incontro che cambia la Vita (*Mt 2,1-12*).

La mirabile pagina della visita dei Magi introduce oggi alla possibilità di lasciarsi attrarre, incontrare dal Signore e come conseguenza cambiare il proprio itinerario esistenziale.

Ciò che colpisce nella descrizione dell'evangelista Matteo è che non solo Erode sia impaurito, ma anche "tutta Gerusalemme". Una città, un popolo, una società che teme una destabilizzazione interna.

I capi dei sacerdoti e gli scribi del popolo sono le autorità che attraverso la conoscenza delle Scritture possono affermare la venuta del Messia

Appare significativo rileggere la pagina dei Magi in questo contesto ecclesiale e sociale che guarda alla famiglia, in quanto le tre realtà costitutive (Erode, Gerusalemme e i Capi del popolo). possono significare l'uomo e la famiglia alla ricerca di senso, rappresentata dai Magi all'interno di una realtà storico-sociale fragile e destabilizzante identificabile con Erode-Gerusalemme-Capi dei Sacerdoti-Scribi ed infine la realtà della Chiesa come Popolo Santo di Dio che attraverso la sua esperienza di Cristo offre all'uomo e alle famiglie smarrite e frastornate da tanta "frenesia culturale" *l'unicum* che è in Gesù di Nazareth.

L'itinerario dei Magi è una "strada" lunga e faticosa che chiede di uscire dalle proprie sicurezze, dalle proprie conoscenze per confrontarsi con altre realtà, sapendo discernere i dati positivi e quelli negativi. All'interno di questa foresta esperienziale, scossa da realtà opposte (Erode), arrivano ad incontrare il Signore Gesù e questi è presentato a loro come dono. I Magi portano doni umani – con l'interpretazione simbolica che viene data – si prostrano di fronte al bambino Gesù, e in cambio ricevono dalla Famiglia di Nazareth la proposta nuova da seguire, il Messia!

La coscienza dei Magi è toccata e come suggerisce la pagina evangelica, "*per un'altra strada fecero ritorno al loro paese.*" L'incontro con il Cristo, dice l'esperienza dei Magi, non fa evadere dalla realtà storica, ma invia nuovamente per essere portatori di un messaggio di misericordia e di speranza, ossia dell'Amore fedele di Dio per l'umanità.

5.3.1. Cristo-Cuore cuore della famiglia.

"*Se l'umano e il divino sono uno in Gesù Cristo, è da Lui che l'essere umano riceve piena luce e senso. Questa profonda e gioiosa consapevolezza non può però essere la giustificazione per imporsi al mondo, quasi nella presunzione di «possedere» Cristo. Prima di tutto perché in noi stessi questa consapevolezza va sempre risvegliata e rigenerata: per questo ci proponiamo di scrutare continuamente il volto di Cristo, nel suo stare con i poveri e i malati, con i peccatori e gli increduli, accettando la sofferenza e vivendo un'autentica fraternità. Solo così potremo annunciarlo a ogni essere umano, perché il metodo che Gesù ci ha consegnato per diffondere il suo messaggio è quello della testimonianza. Se Gesù si è incarnato, accettando e facendo propri, al contempo, i limiti e le risorse dell'umano, è da qui che dobbiamo partire, consapevoli del nostro limite ma anche della luce che possiamo lasciar risplendere in noi. Quella luce Egli ha diffuso il mattino di Pasqua e donato alla Chiesa col fuoco della Pentecoste. E che sempre ci meraviglia quando scopriamo che anche attraverso le nostre fragilità e fatiche può arrivare ad altri.*" (In Gesù Cristo il nuovo umanesimo)

Sembra significativo in questo secondo momento, riprendere il testo sopra citato in quanto aiuta a comprendere i diversi passaggi che sono segnati dalla consapevolezza che in Cristo tutta la fragilità umana è trasformata anche grazie alla testimonianza della vita che incontra il Signore e lo offre a coloro che si trovano nel tragitto dell'esistenza, sapendo che, il Signore, trasforma in luce ogni realtà del vivere in una esperienza amativa.

- **Gesù: paradigma nella vita familiare:** L'esperienza di Gesù, i suoi gesti e le sue parole indicano alcune dinamiche che diventano significative per la vita delle famiglie. Come ricordano i Padri sinodali, Gesù ha guardato ed incontrato ogni uomo ed ogni donna con amore, tenerezza, misericordia, verità e pazienza. Fondamentali sono questi passaggi, all'interno dell'orientamento della creazione e delle creature verso Cristo. Vi è la consapevolezza di diverse fratture e infedeltà, che già si ravvedono in quel mandato di Gesù, il quale afferma che Mosè ha permesso di ripudiare la moglie a causa della *durezza del vostro cuore* (Mt 19,8). Ciò sta ad indicare che l'**indissolubilità** del matrimonio è un dato costitutivo che permette alla famiglia di orientare la sua vita a Cristo, ma al contempo all'interno della medesima realtà vi sono cadute e fragilità. Anche se nella nostra società l'indissolubilità talvolta viene messa in discussione percependola come un peso e un fardello da portare e talvolta come una fatica da sopportare, non si può eludere il fatto che l'indissolubilità possa essere letta come il "per sempre" che ai nostri giorni fa paura. Un impegno definitivo che deve essere accolto come "dono" fatto alle persone unitesi in matrimonio che si accolgono (*Cfr* Nuovo Rito del Matrimonio) reciprocamente con la grazia di Cristo. Tutto questo è radicato nella "*grazia del battesimo che stabilisce l'alleanza fondamentale di ogni persona con Cristo nella Chiesa.*" (*Relatio Synodi* 21).

Dentro questa realtà, vi è la consapevolezza che Dio offre attraverso la grazia sacramentale di vivere la fedeltà, il dono totale e reciproco di sé e l'apertura alla vita.

Si diceva inizialmente che oltre all'amore, alla tenerezza e alla pazienza il Signore mostra misericordia all'interno di un circuito di verità. La misericordia nella sua accezione cristologica è mostrata chiaramente da un movimento che diventa incontro-amore-pentimento-conversione-perdono. Rileggiamo le pagine della samaritana al pozzo (*Gv* 4,1-30*)* e dell'adultera (*Gv* 8,1-11) nelle quali scorgiamo come il Signore pone in essere la realtà umano-spirituale che trasforma il cuore dell'uomo:

"*Gesù, che ha riconciliato ogni cosa in sé, ha riportato il matrimonio e la famiglia alla loro forma originale. La famiglia e il matrimonio sono stati redenti da Cristo, restaurati a immagine della Santissima Trinità, mistero da cui scaturisce ogni vero amore. L'alleanza sponsale, inaugurata nella creazione e rivelata nella storia di salvezza, riceve la piena rivelazione in Cristo e nella sua Chiesa. Da Cristo attraverso la Chiesa, il matrimonio e la famiglia ricevono la grazia necessaria per testimoniare l'amore di Dio e vivere la vita di comunione.*" (*Relatio Synodi*, 16).

- **Lo sguardo della Chiesa**: Con questa affermazione si evidenziano i diversi sentimenti con i quali la Chiesa guarda la famiglia nella sua interezza. I Padri sinodali hanno evidenziato "*la gioia e la consolazione*" per le famiglie che vivono appieno la loro realtà profonda che diventa testimonianza credibile della fedeltà per sempre e dell'indissolubilità del matrimonio, entro i quali possiamo racchiudere tutte le esperienze più positive della realtà familiare. "*È qui che si apprende la fatica e la gioia del lavoro, l'amore fraterno, il perdono generoso, sempre e rinnovato, e soprattutto il culto divino attraverso la preghiera e l'offerta della propria vita.*" (*Cfr* Catechismo della Chiesa Cattolica) Pensando a questa realtà familiare è doveroso ricordare la triade che papa Francesco propone proprio ad un incontro con le famiglie, quelle parole sono diventate famose affinché il rapporto di coppia possa essere vissuto pienamente: *Permesso, Grazie e Scusa*. Tre semplici espressioni che esplicitano tutta l'umanità racchiusa nel rapporto sponsale all'interno di una delicatezza di rapporti, in una attenzione reciproca e nel riconoscimento di un cammino per migliorare la vita matrimoniale. Certo in ottica cristiana, non possiamo dimenticare come ha ricordato il Catechismo della Chiesa Cattolica, che la preghiera personale e comunitaria e l'esperienza di offerta della propria vita divengono il substrato della fede famigliare.
- ***Famiglie diversamente abili***: sono tutte le esperienze familiari *altre*, quali i matrimoni civili, i divorziati risposati e chi convive semplicemente. Verso queste realtà la Chiesa ritiene che la via più

adatta sia quella di accompagnare con misericordia e con pazienza nella piena comprensione del piano di Dio, che è disegno di Amore e di fedeltà. Fondamentale è far comprendere anche a coloro che vivono in modo incompleto la vita della Chiesa, che anche a loro il Signore dà la grazia e infonde il coraggio "*per compiere il bene, per prendersi cura con amore l'uno dell'altro ed essere a servizio della comunità nella quale vivono e lavorano*" (*Relatio Synodi* 25). È significativo notare come la pedagogia della Chiesa sia quella di far emergere, anche nelle *famiglie diversificate*, quegli aspetti che evidenziano una positività di rapporto ed una stabilità relazionale che con sguardo laico, fa notare l'amore umano profondo che sancisce la loro unione. In questo ambito, se si trova il terreno fertile, la Chiesa propone un accompagnamento al fine di aprire la famiglia ad una scelta nel tempo, per il matrimonio sacramentale (*Cfr Relatio Synodi*, 27).

- **Realtà fragili:** Vi sono infine anche famiglie o individui fragili in cui si sono aperte ferite quali la separazione o anche la sfiducia verso l'impegno coniugale (*Cfr* Relatio Synodi, 26). Si nota nella società che molte sono le realtà che navigano in tal senso. I giovani non credono nel valore autentico del matrimonio, forse, il loro non credere è dettato da paure, da instabilità affettive, da fragilità interiori che li pongono in uno stato di timore sul futuro. In questo frangente affermano i Padri sinodali che "*la Chiesa deve accompagnare con attenzione e premura i suoi figli più fragili, segnati dall'amore ferito e smarrito, ridonando* *fiducia e speranza […].*" Il tutto nella consapevolezza che la pedagogia debba essere basata sull'amore misericordioso di Cristo in cui si è "*consapevoli che la misericordia più grande è dire la verità con amore, andiamo aldilà della compassione. L'amore misericordioso, come attrae e unisce, così trasforma ed eleva. Invita alla conversione.*" (*Relatio Synodi,* 28)

Come si può notare i Padri sinodali nella lettura delle diverse situazioni propongono costantemente quell'attenzione misericordiosa di Cristo che è amore che si dona, accoglie, accompagna, ripropone le coordinate della verità senza giudicare ma offrendo uno sguardo nuovo affinché si possano intravedere orizzonti di speranza.

"*Penso anzitutto all'unione stabile dell'uomo e della donna nel matrimonio. Essa nasce dal loro amore, segno e presenza dell'amore di Dio, dal riconoscimento e dall'accettazione della bontà della differenza sessuale, per cui i coniugi possono unirsi in una sola carne (cfr. Gen 2,24) e sono capaci di generare una nuova vita, manifestazione della bontà del Creatore, della sua saggezza e del suo disegno di amore. Fondati su quest'amore, uomo e donna possono promettersi l'amore mutuo con un gesto che coinvolge tutta la vita e che ricorda tanti tratti della fede. Promettere un amore che sia per sempre è possibile quando si scopre un disegno più grande dei propri progetti, che ci sostiene e ci promette di donare l'intero futuro alla persona amata.*" (*Lumen Fidei,* 52).

5.3.2. La gestualità in famiglia[21].

- **Difesa (*Mt 2,13-15*)**: Leggendo la pagina della "fuga in Egitto" collocata al centro fra la visita dei Magi e la strage degli Innocenti, si colgono alcuni aspetti che esprimono l'importanza della difesa della famiglia nascente e al contempo la difesa della dignità e della vita del figlio Gesù. Due elementi che nell'apparire fanno riferimento all'obbedienza totale a Dio affinché il Suo disegno di Salvezza possa realizzarsi. Ciò che appare ai nostri occhi è la violenza di Erode che poi si perpetuerà nel figlio Archelao, entrambi timorosi che venga sottratto a loro il potere; violenza che diventa disumana (strage degli Innocenti). La violenza ha una ripercussione sulla famiglia che fugge in Egitto divenendo *profuga* in terra straniera, dove si incontra con una cultura e una tradizione diversa. Un secondo momento è il sogno: Giuseppe è colui che attraverso il sogno accoglie la volontà di Dio. Il sogno nella tradizione biblica è uno dei "linguaggi" di Dio attraverso il quale esprime la sua "attenzione e apprensione". Ultimo passaggio che rimanda ad un itinerario faticoso e pericoloso per la difesa della famiglia e del figlio Gesù è descritto in Matteo quando afferma che Giuseppe "*si alzò nella notte, prese con sé il bambino e sua madre e si rifugiò in Egitto*". La notte nel linguaggio biblico è lo spazio nel quale si fa l'esperienza del male, della violenza, dell'insicurezza, del

[21] *Cfr* K. TRĘBSKI, *La comunicazione in famiglia*, Berlin : Edizioni Sant'Antonio 2020.

turbamento, della paura, eppure, è proprio in quell'ambito che Dio parla all'uomo. La difesa della vita e della famiglia deve infondere coraggio affinché si possano affrontare anche le vie impervie della notte, delle ideologie, delle politiche familiari contrarie al cristianesimo e anche delle ferite che possono creare difficoltà esistenziali.

- **La Testimonianza quale Servizio (*Lc 1,39-56*)**: La pagina della Visitazione fa pensare all'importanza assunta da una famiglia in attesa di un figlio quale testimone di un dono grande, frutto della grazia che interagisce con l'umanità. Allo stesso tempo questa esperienza diventa servizio, non tanto nel senso di dover far qualcosa per qualcuno a livello materiale, ma piuttosto come portatore della presenza del Signore. Una testimonianza-servizio che è confermata dalle parole della cugina Elisabetta: "*beata colei che ha creduto nell'adempimento di ciò che il Signore le ha detto.*"Questa espressione non è un messaggio augurale il riconoscimento di tre beatitudini: beata perché Maria è donna di fede, beata perché ha creduto, beata perché madre del Signore. Tre passaggi che descrivono l'importanza all'interno della famiglia di Nazareth della fede, del credere e quindi dell'ascolto assiduo e permanente della Parola del Signore. I primi due passaggi sono frutto di un incontro vero e concreto con il Signore, un incontro che si trasforma in esperienza che non è fatta di parole astratte, ma di una presenza autentica e viva del Mistero. Tutto questo diviene possibilità di portare il dono più grande che è il Signore; quindi, questa presenza non è riservata esclusivamente alla famiglia di Nazareth ma, diventa opportunità di ogni famiglia che vive appieno la propria fede. Infatti, l'importanza della fede nella famiglia è rilevata anche nell'Enciclica *Lumen Fidei* di papa Francesco nella quale viene affermato: *la fede poi aiuta a cogliere in tutta la sua profondità e ricchezza la generazione dei figli, perché fa riconoscere in essa l'amore creatore che ci dona e ci affida il mistero di una nuova persona.* (*Lumen Fidei*, 52).

- **La Centralità di Cristo (*Gv 2,1-12*)**: Le Nozze di Cana al di là degli elementi simbolici che tutti conoscono circa l'*ora di Gesù*, le *giare* (6 numero imperfetto che indica il bisogno di purificazione interiore), l'abbondanza del *vino* che rimanda all'abbondanza dei doni messianici ed altri elementi, ci permettono di evidenziare nella realtà-immagine della sponsalità fra Dio e il Suo Popolo (Chiesa), vi sia annessa una realtà prima è indicata dalla concretezza della vita, dal vivere quotidiano come *locus theologicus* nel quale il mistero si manifesta. Primariamente non si parla più di Famiglia di Nazareth e non si sa neppure se vi fosse anche Giuseppe, se fosse già morto o ancora in vita. Appare invece rilevante riprendere ciò che Padre David M. Turoldo definì: *il testamento spirituale di Maria*: ossia quelle ultime parole da lei pronunciate e che l'evangelista Giovanni riporta nel suo vangelo "*Qualsiasi cosa vi dica, fatela*" (Gv 2,5). Parole significative che permettono di capire che al centro della vita della famiglia e nella vita di ogni singola persona si deve trovare Cristo, il suo Mistero, come rappresentato simbolicamente è il mistero di morte e risurrezione, e al tempo stesso disponibilità ad accogliere senza reticenze la Parola di Gesù trasformandola in scelta di vita, esperienza esistenziale. Ogni famiglia, come quella di Nazareth, deve saper porre al centro dei propri interessi il Signore e la Sua Parola attraverso una "relazione" fondamentale che arricchisce il tessuto fondante la famiglia, l'individuo e le relazioni interne ed esterne come Chiesa domestica e come Chiesa-Popolo di Dio chiamata a testimoniare il Signore della storia.

5.3.3 Suggerimenti pastorali[22].

In questo ultimo passaggio è doveroso, insieme al pensiero dei Padri sinodali, aprire uno spiraglio sulle prospettive pastorali, non definitive, ma indicative che ne derivano.

Quali conversioni? Una provocazione impegnativa, in quanto chiede cambi di orizzonti e di impegno pastorale a favore delle famiglie. Si elencheranno una serie di conversioni. Si parlerà di una conversione dell'evangelizzazione, nella quale si riconosce per tutto il Popolo Santo di Dio la responsabilità di evangelizzare. Non sono solo i presbiteri e/o

[22] *Cfr* K. TRĘBSKI , J. MŁYŃSKI, *Famiglia cristiana come "Chiesa domestica"*: evoluzione storica e prospettive future, In: *Teologia i Moralność*, Vol. 15(2020), numer 2 (28). https://doi.org/10.14746/tim.2020.28.2.02

i religiosi ad avere il diritto-dovere di evangelizzare ma, ogni cristiano. L'importante è che le famiglie cattoliche in forza del sacramento che hanno liberamente ricevuto si sentano soggetti attivi nell'evangelizzazione, annunciando con la vita la gioia del matrimonio.

In questo ambito risulta importante evidenziare che la Grazia Sacramentale sarà l'agente che permetterà di sperimentare quanto il Vangelo dia forma alla gioia dell'esperienza coniugale *riempie il cuore e la vita intera* (*Relatio Synodi*, 31). Un secondo agente sono le famiglie con una propria esperienza concreta ovvero la vita feriale che li rende collaboratori della Grazia.

- **La Conversione missionaria:** Questa trova il suo punto forza nell'esperienza di fede espressa nella sua concretezza e non semplicemente come dato teorico. Infatti, la crisi di fede provoca fratture non solo all'interno delle famiglie ma anche nella società. Non bisogna dimenticare infatti che *il primo ambito in cui la fede illumina la città degli uomini si trova nella famiglia* (*Lumen Fidei*, 52). Proprio per questo non si dimentichi che il cammino di fede *non è un rifugio per gente senza coraggio, ma la dilatazione della vita. Essa fa scoprire una grande chiamata, la vocazione all'amore, e assicura che quest'amore è affidabile, che vale la pena consegnarsi ad esso, perché il suo fondamento si trova nella fedeltà di Dio, più forte di ogni nostra fragilità.* (*Lumen Fidei*, 53)

- **Conversione alla Parola di Dio**: Spesso papa Francesco invita a portare il libro dei Vangeli in tasca, non per avere un peso in più, ma per poter leggere-ascoltare la Parola di Dio affinché diventi lettura orante ed ecclesiale. Così facendo la Parola di Dio diviene strumento di discernimento e di formazione delle coscienze al fine di poter affrontare le diverse sfide della vita.

- **Conversione vocazionale:** Con questa espressione si evidenzia l'aspetto in cui si riconosce il tessuto vocazionale del Matrimonio non una semplice tradizione o esigenza sociale ma, come apertura alla vita intrisa del Mistero che è Cristo Signore. Purtroppo, molti matrimoni divengono "spazio sociale" o luogo del "si deve" per tradizione. In questa conversione si riconosce lo spessore vocazionale del Matrimonio, si mostra al contempo l'esigenza di un "cammino formativo" adeguato che richieda contemporaneamente un cammino di maturazione umana e di fede.

- **Conversione della prassi pastorale:** Guardando alla prassi della pastorale matrimoniale spesso ci si scontra con individualismi pastorali. I Padri sinodali sottolineano invece la necessità di una formazione a tutto tondo, dai presbiteri, i diaconi, i catechisti e altri operatori pastorali, coinvolgendo quelle famiglie che vivono nella gioia del Vangelo il proprio matrimonio. Al contempo risulta significativo guidare ed accompagnare i nubendi alla preparazione del matrimonio, oltre che sostenerli adeguatamente nei primi anni dopo il matrimonio. Condizione importante in questi percorsi è la presenza della comunità ecclesiale e di famiglie cristiane con esperienza che vivano appieno e nella gioia del Vangelo il loro cammino matrimoniale. Nei due diversi percorsi, i Padri sinodali evidenziano – come significativi – l'importanza della castità che diventa elemento prezioso che aiuta la crescita dell'amore reciproco; il radicamento nel cammino dell'iniziazione cristiana (battesimo-cresima-eucaristia) e il rapporto con gli altri sacramenti. Non ultimo è l'apertura alla vita. Non possiamo dimenticare il documento *Humane Vitae* del Beato Paolo VI, il quale riconosce – contrariamente alla mentalità del tempo – che il matrimonio ha due finalità che si intersecano e si completano: *l'amore e la procreazione*. Anche l'aspetto della vita spirituale, come esperienza di Chiesa che prega e vive l'Eucaristia, promuove la crescita spirituale e quella solidale nelle reali situazioni della vita divenendo aspetto significativo ed educativo all'interno del cammino *pre e post matrimoniale*.

Esperienze diverse: Un titolo bizzarro ma solo per evidenziare quelle categorie di persone che vivono matrimoni civile e convivenze (unioni di fatto). Anche dentro questo ambito i Padri sinodali hanno sottolineato l'importanza della delicatezza, del rispetto, dell'accoglienza e al contempo di una presenza pastorale che abbracci anche queste famiglie. Infatti, si legge: *I pastori devono identificare elementi che possono favorire l'evangelizzazione e la crescita umana e spirituale. Una sensibilità nuova della pastorale odierna consiste nel cogliere gli elementi positivi presenti nei matrimoni civili e, fatte le debite differenze, nelle convivenze* (Relatio Synodi, 41). A fronte di queste realtà una lettura motivazionale circa le convivenze deve essere sviluppata per comprendere quali priorità vengono considerate per effettuare determinate scelte. Spesso le motivazioni soggiacciono ad una mentalità che si pone in contrapposizione:

- *alle istituzioni*: Questo ci rimanda, almeno a livello razionale alla mentalità del cosiddetto sessantotto in cui ci si contrappone all'istituzione come luogo d' impedimento di una realizzazione personale;
- *ad un impegno definitivo e vincolante*: il "per sempre" del matrimonio spesso è visto come coercitivo di una libertà ed individualismo egoistici;
- *dalle problematiche socioeconomiche*: in cui si trovano i nubendi. Si rileva che a fronte di un'insicurezza economica e lavorativa preferiscono la convivenza al matrimonio.

Questi aspetti negativi non fanno venire meno invece la presenza di coppie sposate civilmente o conviventi per un lungo periodo, dopo un cammino spirituale chiedono di vivere l'esperienza sacramentale.

Famiglie ferite: in questo ambito vengono considerati i separati, i divorziati non risposati, i divorziati risposati e le famiglie monoparentali. Non si tralasci il fatto che situazioni quali le separazioni, i divorzi e gli abbandoni del tetto coniugale provocano ferite sia al coniuge che ai figli; i quali sono vittime e diventano, talvolta, "oggetto di contesa" tra i genitori. In questo ambito è bene evidenziare subito la necessità di un sostegno soprattutto spirituale affinché i "figli feriti" possano, superare il trauma delle scissioni familiari attraverso percorsi di aiuto e al contempo crescere in serenità. In questo *mare magnum* di esperienze di fragilità il Sinodo invita ad una pastorale che prima di tutto punti all'ascolto delle realtà e quindi delle singole persone. Scrive papa Francesco: "*La Chiesa dovrà iniziare i suoi membri – sacerdoti, religiosi e laici – a questa «arte dell'accompagnamento», perché tutti imparino sempre a togliersi i sandali davanti alla terra sacra dell'altro (cfr. Es 3,5). Dobbiamo dare al nostro cammino il ritmo salutare della prossimità, con uno sguardo rispettoso e pieno di compassione ma che nel medesimo tempo sani, liberi e incoraggi a maturare nella vita cristiana.*" (*Evangelii Gaudium*, 169).

Un passo ulteriore che viene proposto deve riguardare la sofferenza come dato di crescita. Infatti, risulta importante accogliere e valorizzare la sofferenza. Essa – anche a livello psicologico – non s' interiorizza e si trasforma in esperienza di vita se non dopo che la si riconosce, la si chiama per nome e si accoglie, valorizzandola come cammino di identificazione con il cammino di Cristo. Non si deve e non si può sublimare e né tanto meno subire passivamente, altrimenti non diverrebbe momento di crescita umana e spirituale.

I gesti, dunque, che sembrano più significativi in questo cammino pastorale che il Sinodo ripropone alla Chiesa si possono sintetizzare in: *carità, misericordia, Grazia di Dio, aiuto adeguato, perdono reciproco* come frutto di un riconoscimento di un perdono che il Signore ci concede e che sul suo esempio dobbiamo imparare a concedere a chi riteniamo ci abbia ferito.

Un'ultima parola è da spendersi sull'esperienza dei divorziati.

- *Divorziati non risposati.* Il Sinodo riconosce che spesso divengono dei testimoni della fedeltà coniugale. Devono essere invitati ed incoraggiati a fare dell'Eucaristia la forza che li sostiene in questo cammino anche di testimonianza.
- *Divorziati risposati.* Il Sinodo ritiene che la Chiesa debba avere a cuore questa categoria di coppie. Al riguardo è stato aperto un dibattito e in esso sono emerse diverse posizioni circa la partecipazione ai sacramenti

della Penitenza e dell'Eucaristia. Ovviamente non si è giunti ancora ad una "risposta pastorale" definitiva e chiara.

I diversi interventi si sono categorizzati su tre linee:

a. Disciplina attuale che esclude la partecipazione ai Sacramenti.

b. Accoglienza non generalizzata all'Eucaristia in cui attraverso un percorso di conoscenza di situazioni particolari e delle condizioni ben precise si possa intraprendere un cammino penitenziale per giungere alla partecipazione dei sacramenti. La responsabilità di questo itinerario è di competenza del Vescovo locale.

c. Partecipazione alla comunione spirituale.

Questioni aperte*[23]*.

- *Persone con orientamento omosessuale.* Il Sinodo riprendendo l'insegnamento della Chiesa ribadisce la non accettazione di unioni tra persone dello stesso sesso. Questa affermazione si radica maggiormente in un contesto sociale e politico aperto, il quale invita ad una rivisitazione in materia. Si legge nella *Relatio Synodi*: *Non esiste fondamento alcuno per assimilare o stabilire analogie, neppur remote, tra unioni omosessuali e il disegno di Dio sul matrimonio e la famiglia.* Questo non impedisce, anzi, invita la Chiesa a prodigarsi in una attenzione particolare per accogliere con rispetto e delicatezza le

[23] K. TRĘBSKI, «*Maschio e femmina li creò*» *(Gn 1,27). La teoria del gender nel contesto dell'educazione cattolica: tra critica e dialogo possibile.* In: Warszawskie Studia Teologiczne, XXXIII/1/2020, s. 164-183. https://doi.org/10.30439/WST.2020.1.9

persone con orientamento omosessuale. Il Sinodo parla non di una attività "sessuale" ma di una tendenza. Al riguardo, anche se il Sinodo non fa menzione di alcuni documenti, possiamo trovare sia nel 1975 che nel 1986 vi siano interventi della Congregazione per la Dottrina e della Fede riguardo questa tematica. Nella lettera della Congregazione. *La cura pastorale delle persone omosessuali* del 1986, a firma dell'allora Card. Ratzinger, riprendeva la *Dichiarazione su alcune questioni di etica sessuale* del 1975 in cui si "*sottolineava il dovere di cercare di comprendere la condizione omosessuale, e si osservava come la colpevolezza degli atti omosessuali dovesse essere giudicata con prudenza. Nello stesso tempo la Congregazione teneva conto della distinzione comunemente operata fra condizione e tendenza omosessuale e atti omosessuali. Questi ultimi venivano descritti come atti che vengono privati della loro finalità essenziale e indispensabile, come «intrinsecamente disordinati» e tali che non possono essere approvati in nessun caso.*" Ad un certo punto della Lettera il Card. Ratzinger si domandava: "*che cosa deve fare dunque una persona omosessuale, che cerca di seguire il Signore?*". "*Sostanzialmente, queste persone sono chiamate a realizzare la volontà di Dio nella loro vita, unendo ogni sofferenza e difficoltà che possano sperimentare a motivo della loro condizione, al sacrificio della croce del Signore. Per il credente, la croce è un sacrificio fruttuoso, poiché da quella morte provengono la vita e la redenzione. Anche se ogni invito a portare la croce o a intendere in tal modo la sofferenza del cristiano sarà prevedibilmente deriso da qualcuno, si dovrebbe ricordare che questa è la via della salvezza per tutti coloro che sono seguaci di Cristo.*"

Le indicazioni del Prefetto della Congregazione sono indubbiamente pastorali, tenendo presente che, come la croce, sia il cammino di ogni discepolo di Cristo. Infatti, si legge che "*le persone omosessuali sono chiamate come gli altri cristiani a vivere la castità. Se si dedicano con assiduità a comprendere la natura della chiamata personale di Dio nei loro confronti, esse saranno in grado di celebrare più fedelmente il sacramento della Penitenza, e di ricevere la grazia del Signore, in esso così generosamente offerta, per potersi convertire più pienamente alla sua sequela.*"[24]

- ***Trasmissione della vita.*** Il Sinodo guarda con preoccupazione ed attenzione alla situazione sociale in cu spesso si evita la procreazione, ne evidenzia alcune cause con le conseguenze che da esse scaturiscono: le cause sono la mentalità che si basa su una pianificazione individuale o di coppia, fattori di ordine economico. A queste cause fa da eco l'effetto riscontrabile nei problemi sociali ovvero l'indebolimento del tessuto sociale, la compromissione dei rapporti generazionali in quanto si creano vuoti fra generazioni e dunque il futuro viene guardato con preoccupazione ed incertezza.

[24] *Cfr* K. TRĘBSKI, *La questione "gender": una sfida per l'antropologia cristiana*, In: *Forum Teologiczne*, č. XX, 2019, s. 97-108.

- ***Proposte pastorali***: (a) come sempre l'ascolto dei singoli; (b) mostrare la bontà dell'apertura alla vita; (c) educare all'uso preventivo dei "metodi naturali"; (d) adozione e affido, sia per le famiglie sterili o meno. Adottare un bambino orfano o abbandonato diventa una forma di "apostolato familiare" e non solamente per le famiglie in cui uno dei coniugi è sterile.

  "*La sofferenza degli sposi che non possono avere figli o che temono di mettere al mondo un figlio handicappato, è una sofferenza che tutti debbono comprendere e adeguatamente valutare.*" Così si esprimeva il Prefetto della Congregazione per la Dottrina della Fede nell'Istruzione su *Il rispetto della vita nascente e la dignità della procreazione* del 1987.

  Nonostante queste situazioni di dolore, "*le coppie sterili non devono dimenticar che «anche quando la procreazione non è possibile, non per questo la vita coniugale perde il suo valore. La sterilità fisica, infatti, può essere occasione per gli sposi per rendere altri servizi importanti alla vita delle persone umane, quali ad esempio l'adozione, le varie forme di opere educative, l'aiuto ad altre famiglie, ai bambini povere o handicappati.»*

- ***Sfida educativa***: Affermano i Padri sinodali che le famiglie, oggi, si trovano di fronte ad una sfida educativa che è complessa a causa della realtà culturale attuale e della grande influenza dei media (*Cfr* S. GIUSTI, *Il matrimonio? Solo per chi sa amare!* Pharus, Livorno 2012).

Vanno tenute in debito conto le esigenze e le attese delle famiglie capaci di essere nella vita quotidiana luoghi di crescita e di concreta ed essenziale trasmissione delle virtù che danno forma all'esistenza. La Chiesa dal canto suo è costantemente invitata a diventare *partner educativo* al fine di aiutare le famiglie realizzando cammini personalizzati volti a formare le stesse aiutandole a ottenere un maggiore senso di rispetto per la vita proiettandole verso il loro fine ultimo e vero ossia la comune chiamata alla santità.

Messaggio alle famiglie cristiane nel mondo contemporaneo, inviato a tutte le famiglie a conclusione del 5° sinodo dei Vescovi del 1980:

Concludendo il nostro messaggio, vogliamo dirvi, fratelli e sorelle, che siamo pienamente consapevoli della debolezza della nostra condizione umana. Non ignoriamo affatto la situazione molto difficile e veramente dolorosa di tanti coniugi cristiani che, pur volendo sinceramente osservare le norme morali insegnate dalla Chiesa, si sentono incapaci di metterle in pratica a causa della loro debolezza di fronte alle difficoltà. Noi tutti però dobbiamo avere una grande stima della dottrina e della grazia di Cristo e vivere nella loro luce.

Così anche i coniugi, aiutati e accompagnati da tutta la Chiesa, devono crescere nel difficile cammino verso la sempre maggiore fedeltà ai comandamenti del Signore.

«Il cammino degli sposi, come ogni aspetto della vita dell'uomo, conosce tappe e momenti difficili e dolorosi ... Ma bisogna dirlo ad alta voce: gli uomini di buona volontà non devono mai lasciarsi prendere dall'angoscia e dalla paura perché alla fin fine il vangelo non è forse una buona novella anche per le famiglie e un messaggio che, benché esigente, non è meno profondamente liberatore? Prendere coscienza che non si è ancora conquistata la propria libertà interiore, ma si è ancora sottomessi all'impulso delle proprie inclinazioni, scoprirsi quasi incapaci di rispettare al momento la legge del morale in un campo così fondamentale, suscita naturalmente una reazione di scoraggiamento, ma è il momento decisivo in cui il cristiano, nel suo turbamento, invece di abbandonarsi ad una rivolta sterile e distruttrice, procede, nell'umiltà, alla scoperta sconvolgente dell'uomo davanti a Dio, un peccatore davanti all'amore di Cristo Salvatore».

CONCLUSIONI

La fisionomia morale del cristiano, originata dall'evento sacramentale che lo rende "nuova creatura in Cristo" (*2 Cor* 5,17), lo proietta verso l'Assoluto riconosciuto come tale; la vita sacramentale e a quella di intima preghiera immettono il cristiano nella circolarità tra fede, preghiera e vita, fanno in modo che l'uomo riconosca e condivida la presenza del Dio uno e trino. Il dinamismo circolare tra fede, preghiera e vita, si estende anche all'*ethos sociale* e alle virtù ad essa connesse. L'inserimento vitale in Cristo e l'effusione delle grazie e dei doni dello Spirito Santo, prolungano nel mondo e per il mondo, i gesti salvifici di Cristo e l'annuncio di testimonianza della Chiesa.

Un eccezionale monito sono le Parole di Giovanni Paolo II nel suo discorso all'ONU nel 50° della sua fondazione:

"La risposta alla paura che offusca l'esistenza umana al termine del secolo ventesimo è lo sforzo comune per costruire la civiltà dell'amore fondata sui valori universali della pace, della solidarietà, della giustizia e della libertà. E l'anima della civiltà dell'amore è la cultura della libertà: la libertà degli individui e delle nazioni, vissuta in una solidarietà e responsabilità oblative [...]. Ogni singola persona è stata creata ad immagine e somiglianza di Colui che è all'origine di tutto ciò che esiste. Abbiamo in noi la capacità di sapienza e di virtù. Con tali doni, e con l'aiuto della grazia di Dio, possiamo costruire nel secolo che sta per giungere e per il prossimo millennio una civiltà degna della persona umana, una vera cultura della libertà. Possiamo e dobbiamo farlo! E, facendolo, potremo renderci conto che le lacrime di questo secolo hanno preparato il terreno a una nuova primavera dello spirito umano".[25]

Nota dell'Autore:

Questo libro lo dedico all'Amore, quello che sperimento ogni giorno nella semplicità delle piccole cose vere e concrete, alla mia piccola famiglia, ai mei alunni, e al caro amico Fr. Leonardo Grasso -Camilliano- che il 5 dicembre 2020, nel dedicare la sua vita agli ammalati e a coloro che sono ai margini della società, per mano di uno di loro, ha trovato una morte cruenta divenendo a pieno titolo: Testimone dell'Amore!

Grazie

[25] GIOVANNI PAOLO II, Discorso *50° anniversario di fondazione dell'Organizzazione delle Nazioni Unite* (5 ottobre 1995), in *Ench. Vat.*, 14, 3266-3267.

BIBLIOGRAFIA

FONTI

CONCILIO ECUMENICO XXI VATICANO II, *Constitutio dogmatica de Ecclesia "Lumen Gentium"* (1965), in *Ench. Vat.,* 1, 284-456.

CEI, *Il Vangelo della carità per una nuova società in Italia. III Convegno ecclesiale: Palermo 20-24 novembre 1996. Testi della giornata e Messaggio finale dei vescovi e dei delegati* (24 novembre 1995), Paoline, Cinisello Balsamo (MI)1995.

STUDI

ABBÀ G., *Lex et virtus. Studi sull'evoluzione della dottrina morale di S. Tommaso d'Aquino,* LAS, Roma 1983.

ALIOTTA M., *Vizi e Virtù nel Medioevo,* SEC, Acireale 1993.

ALTOBELLI R., *Virtù, cultura, filosofia,* in *Rivista di teologia Morale* 28 (1996/3) 409-412.

BONAVENTURA (SAN), *I sette doni dello Spirito Santo,* LIEF, Vicenza 1985.

CASTELLI V., *La complessità sfida l'etica. Percorsi per una morale dell'emergenza.* In *Firmana* (1993) N.2.

CAVALLINI G., *La dottrina dell'amore in S. Caterina da Siena: concordanze col pensiero di S. Tommaso d'Aquino,* in *Divis Thomas* 75 (1972).

CERINI M., *Dio Amore nell'esperienza e nel pensiero di Chiara Lubich,* Città Nuova, Roma 1991.

CICATELLI S., *Vita del Padre Camillo de Lellis,* manoscritta, Ediz. a cura di P. P. SANNAZZARO, Curia Generalizia, Roma 1980.

COLLANGE J.-F., *Fede, speranza, amore ed etica,* in LAURET B. – REFOULÉ F., *Iniziazione alla pratica della teologia,* Queriniana, Brescia, 1986.

CONGAR Y., *Un popolo messianico. La chiesa, sacramento di salvezza. Salvezza e liberazione,* Queriniana, Brescia 1976.

COZZOLI M., *La morale secondo le virtù nel CCC, in Rivista di Teologia morale* 25 (1993/2).

DE LA POTTERIE I., *L'amore per Dio-Padre fonte dell'amore per i figli di Dio (Gv 5,1-2),* in *Parola, Spirito e Vita. Quaderni di lettura biblica* 11 (1985).

DE SINGLY F., *Pour une sociologie de la fidélité conjugale,* in *Lumière et Vie* 41 (1992).

DE VIRGILIO G., *Virtù,* in LORENZETTI L. (ed.), *Dizionario di Teologia della Pace,* Dehoniane, bologna 1997.

DUPONT J., *Il messaggio delle beatitudini,* Gribaudi, Torino 1979.

FRATTALLONE R., *Virtù,* in S. LEONE – S. PRIVITERA, *Dizionario di Bioetica,* EDB – ISB, Bologna – Palermo 1994.

GIOVANNI CLIMACO, *La scala del Paradiso,* Città Nuova, Roma 1995.

GUARDINI R., *Virtù. Temi e prospettive della vita morale,* Morcelliana, Brescia 1980.

HÄRING B., *La legge di Cristo. II – Morale speciale: Vita in comunione con Dio e col prossimo,* Morcelliana, Brescia 1964[3].

LACROIX J., *Personne et amour,* Edition du Seuil, Paris 1942.

MANNUCCI V., *Sinfonia dell'amore sponsale,* Elle Di Ci, Leumann, Torino 1982.

MC DERMOTT J. M., *La sofferenza umana nella Bibbia. Saggio di teologia biblica,*

Dehoniane, Roma 1990.

NOUWEN H.J. M., *Nella casa della vita. Dall'angoscia all'amore,* Queriniana, Brescia 1996.

PENNA A., *Amore nella Bibbia,* Paideia, Brescia 1972.

PIPER J., *Sull'amore,* Morcelliana, Brescia 1974.

PRIVITERA S., *Relativismo,* in *NDTM,* San Paolo, Cinisello Balsamo, Milano 1994[4].

TRĘBSKI K.: La comunicazione in famiglia, Berlin : Edizioni Sant'Antonio 2020.

TRĘBSKI K., MŁYŃSKI J., Famiglia cristiana come "Chiesa domestica": evoluzione storica e
prospettive future, In: Teologia i Moralność, Vol. 15(2020), numer 2 (28).

TRĘBSKI K.: «Maschio e femmina li creò» (Gn 1,27). La teoria del gender nel contesto dell'educazione cattolica: tra critica e dialogo possibile. In: *Warszawskie Studia Teologiczne*, XXXIII/1/2020.

TRĘBSKI K.,Codependence as an issue in the alcoholic's family, In: *Charity, Philanthropy and Social Work*, č. 1, 2016.

TRĘBSKI K (ed.): *San Camillo de Lellis, Patrono dei malati, sofferenti, operatori sanitari e luoghi di cura*, 2. edizione, Camarata Picena: Shalom, 2008.

ŠMIDOVÀ M., T TRĘBSKI K K., NEMČÍKOVÁ M.: *La famiglia con un bambino disabile:*

problematiche, interventi, soluzioni, Berlin: Edizioni Sant'Antonio, 2020.

VON BALTHASAR H. U., *L'unità delle virtù teologali,* in *Communio* 12 (1984) N.76.

VON BALTHASAR H. U., *Solo l'amore è credibile,* Borla, Torino 1977.

VON BALTHASAR H. U., *La verità è sinfonica. Aspetti del pluralismo cristiano,* Jaca Book, Milano 1974.

VON RAD G, *Teologia dell'Antico Testamento.* II. *Teologia delle tradizioni profetiche di Israele,* Paideia, Brescia 1974

VON SPEYR A., *Il mondo della preghiera,* Jaca Book, Milano 1982.

WEIL S., *L'amore di Dio,* Borla, Torino 1968.

INDICE

Printed by Books on Demand GmbH, Norderstedt / Germany